백명식 글·그림

강화에서 태어나 서양화를 전공했고, 출판사 편집장을 지냈습니다. 어린이들이 좋아하는 책을 쓰고 그릴 때 가장 행복합니다. 그린 책으로는 《자연을 먹어요(전 4권)》《WHAT 왓? 자연과학편(전 10권)》시리즈, 《책 읽는 도깨비》 등이 있으며, 쓰고 그린 책으로는 《돼지 학교(전 40권)》《인체과학 그림책(전 5권)》《맛깔나는 책(전 7권)》《저학년 스팀 스쿨(전 5권)》《명탐정 꼬치의 생태 과학(전 5권)》시리즈 등이 있습니다. 소년한국일보 우수도서 일러스트상, 소년한국일보 출판부문 기획상, 중앙광고대상, 서울 일러스트상을 받았습니다.

천종식 감수

서울대학교 미생물학과를 졸업하고 영국 뉴캐슬대학교 의과대학 미생물학과에서 이학박사 학위를 받았습니다. 강화도 갯벌, 남극 세종기지, 독도로부터 새로운 미생물을 찾아 현재까지 200여 편의 학술 논문을 통해 국제 공인을 받았으며, 국내외의 자연계로부터 새롭고 다양한 미생물을 찾는 전문적인 미생물 사냥꾼으로도 알려져 있습니다. 미국 메릴랜드대학교 해양생명공학연구소 연구원, 한국생명공학연구원 선임연구원을 거쳐 2000년부터 서울대학교 생명과학부에서 교수로 학생들을 가르치고 있습니다. 바이오벤처 천랩(www.chunlab.com)의 창업자이며, 현재 한국과학기술한림원(www.kast.or.kr)의 정회원입니다. 저서로《고마운 미생물, 얄미운 미생물》 등이 있습니다.

백명식 글·그림 | 천종식 감수

1판 1쇄 인쇄 2017년 5월 20일 | 1판 2쇄 발행 2020년 7월 3일 | 펴낸이 정중모 | 펴낸곳 파랑새 | 등록 1988년 1월 21일(제406-2000-000202호)
주소 경기도 파주시 회동길 152 | 전화 031-955-0670 | 팩스 031-955-0661 | 홈페이지 www.bbchild.co.kr
전자우편 bbchild@yolimwon.com | ISBN 978-89-6155-661-3   74470, 978-89-6155-727-6(세트)

ⓒ백명식, 2017

· 책값은 뒤표지에 있습니다.
· 저작자와 출판사의 허락 없이 이 책의 일부 또는 전체를 인용하거나 발췌하는 것을 금합니다.

어린이제품안전특별법에 의한 제품 표시
제조자명 파랑새 | 제조년월 2020년 7월 | 제조국 대한민국 | 사용연령 6세 이상

미생물 투성이 책

② 바이러스

백명식 글·그림 | 천종식 감수

파랑새

주위를 둘러봐!
한두 명은 코를 훌쩍이며
기침을 하고 있을걸.
감기 때문이야. 감기는 바로 내가 일으키지.
내 이름이 궁금하다고? 난 바이러스야.
난 다른 미생물보다 훨씬 작고, 세포도 없어.
세포가 없다 보니
박테리아나 곰팡이처럼 스스로 번식하지 못해.
그 대신 살아 있는 세포에 들어가서
내 자식을 만들지.

머리(단백질)

난 동물이나 식물, 미생물의 모든 세포에 들어갈 수 있어.

다른 생물의 세포에 들어가면,

DNA

제일 먼저 그 세포 안에 내 유전자를 넣어.

꼬리

그럼 침입자가 들어왔는지 전혀 눈치 채지 못하거든.

나는 영양분을 듬뿍듬뿍 받아먹으며

내 자식을 줄줄이 낳아.

그런데 문제는 세포 안에 낳은 내 자식들이

원래 세포의 형질을 변하게 해서

병을 일으킨다는 거야.

조금만 기다려.
내 유전자를 넣어 줄게!

박테리아 세포

나는 인내력이 정말 좋아.
한번 세포 속에 들어가면 잘 나오지 않거든.
세포 깊숙한 곳에 꽁꽁 숨어서
활동하기 좋을 때까지 기다려.
사람 몸이 건강할 때는 죽은 듯이 있다가
몸이 약해졌다 싶으면 재빨리 활동을 시작하지.
얼마나 기다릴 수 있느냐고?
10년이든 20년이든 내가 들어간 사람의 몸이
약해질 때까지 기다릴 수 있어.

나랑 멀리하고 싶다고?

그럼 손을 자주 씻으면 돼.

난 사람이 손으로 이것저것 만질 때,

재빨리 입이나 코를 통해 사람의 몸속으로 들어가거든.

사람 몸속에 들어간 뒤에는

식중독, 장염, 감기 등을 일으켜 사람들을 괴롭히지.

참, 감기에 걸려 기침이 나올 때에는

손이나 손수건으로

입을 가려야 한다는 것쯤은 알고 있지?

내가 다른 사람에게 가지 못하게 말이야.

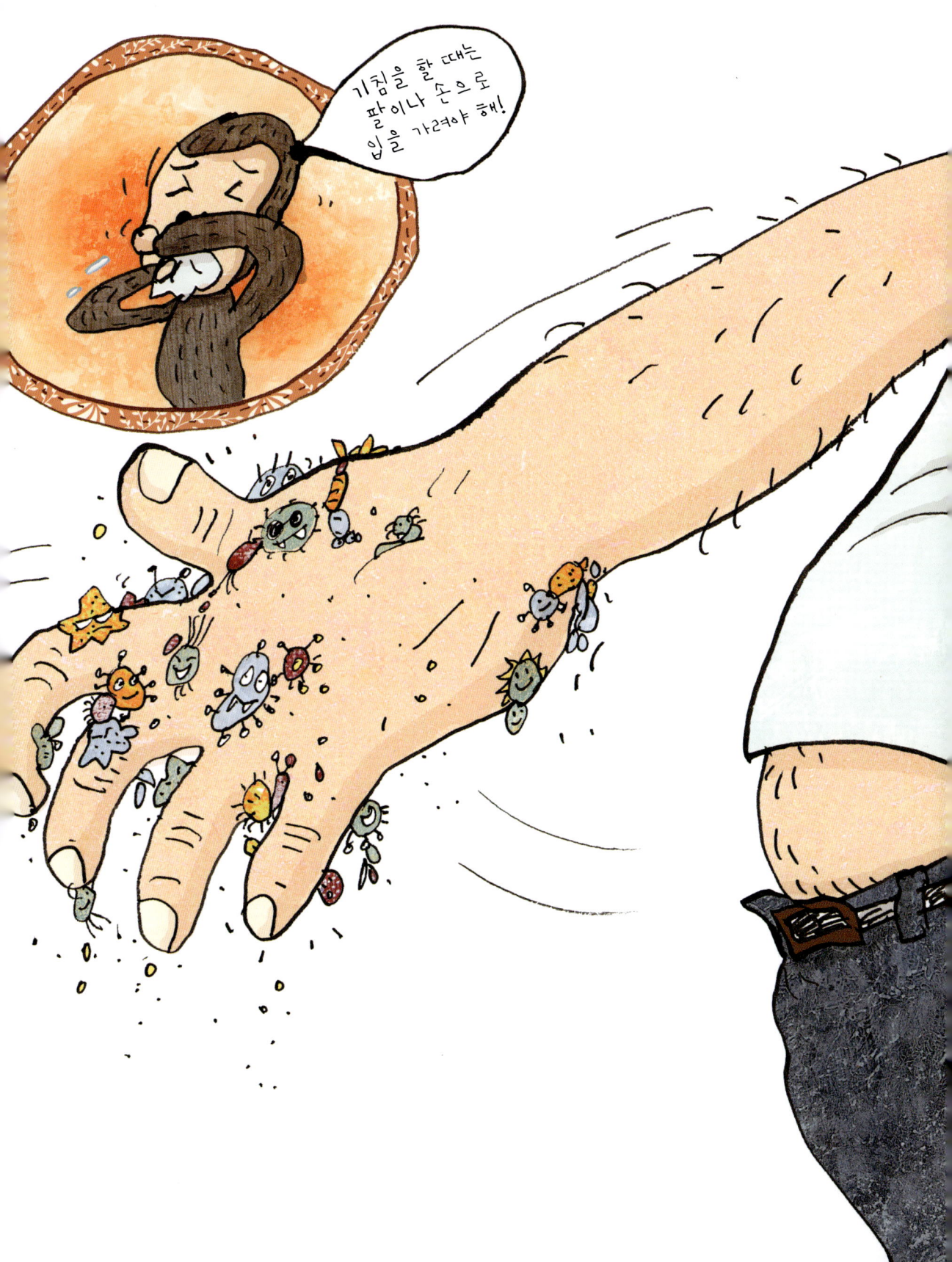

사람들은 내 존재를 전혀 몰랐어.
병이 전염된다는 건 알았지만, 어떻게 전염되는지 몰랐지.
하지만 1892년 러시아의 이바노프스키라는 과학자한테
내 존재를 들키고 말았어.
이바노프스키는 우연히 담배모자이크병의 병원균이
박테리아 여과기를 통과하는 걸 보게 됐어.
"우아, 박테리아보다 더 작은 생물이 있어!"
이바노프스키는 깜짝 놀라 소리쳤어.
그 작은 생물이 바로 나 '바이러스'야.
난 10억 분의 1밀리미터라는 상상조차 할 수 없는 크기지.
그 뒤 과학자들은 감기나 광견병, 우두 등과 같은
전염병을 일으키는 나를 발견하게 되었지.

참, 사람들이 나에 대해서 잘못 알고 있는 게 있어.

감기 바이러스가 추우면 더 잘 활동한다고 생각하지.

사실 감기 바이러스는 날씨와 상관없어.

그런데 왜 겨울에 감기 환자가 많이 생기느냐고?

습도 때문이야.

난방으로 실내가 따뜻해지면 실내 공기가 건조해져.

그럼 사람 몸에 있는 기관지 점막도 건조해지지.

기관지 점막은 끈적한 점액으로 우리 바이러스의 침입을 막아.

하지만 점막이 건조해지면 우리를 막아 내기 힘들지.

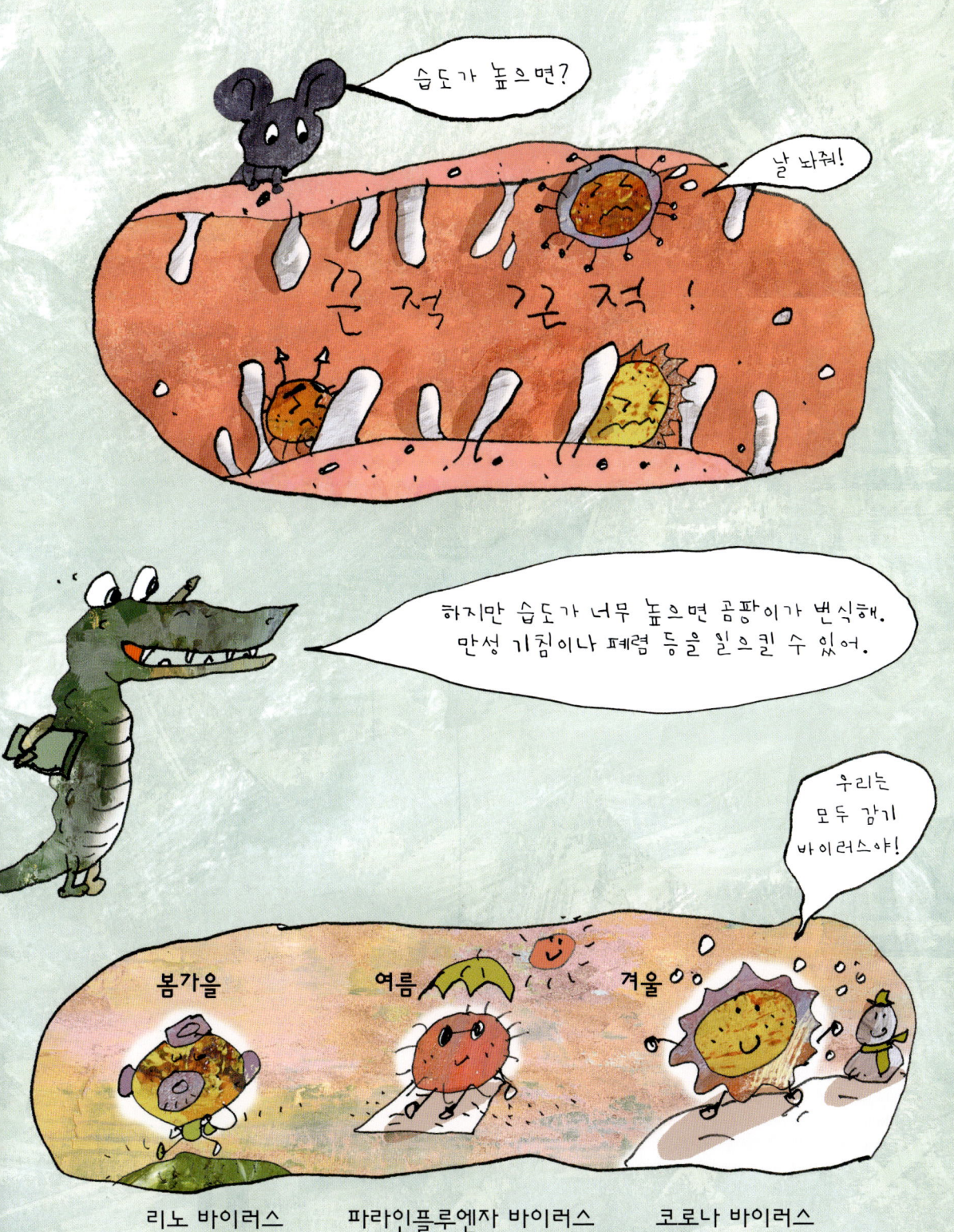

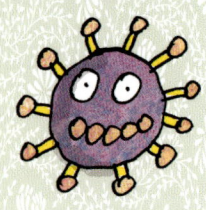

난 정말 특별한 거 같아.

다른 미생물처럼 먹고 싸고 하지 않거든.

그러면서도 자식을 나을 수 있어.

물론 다른 생명체에 들어가서

그 생명체의 힘을 빌리기는 하지만 말이야.

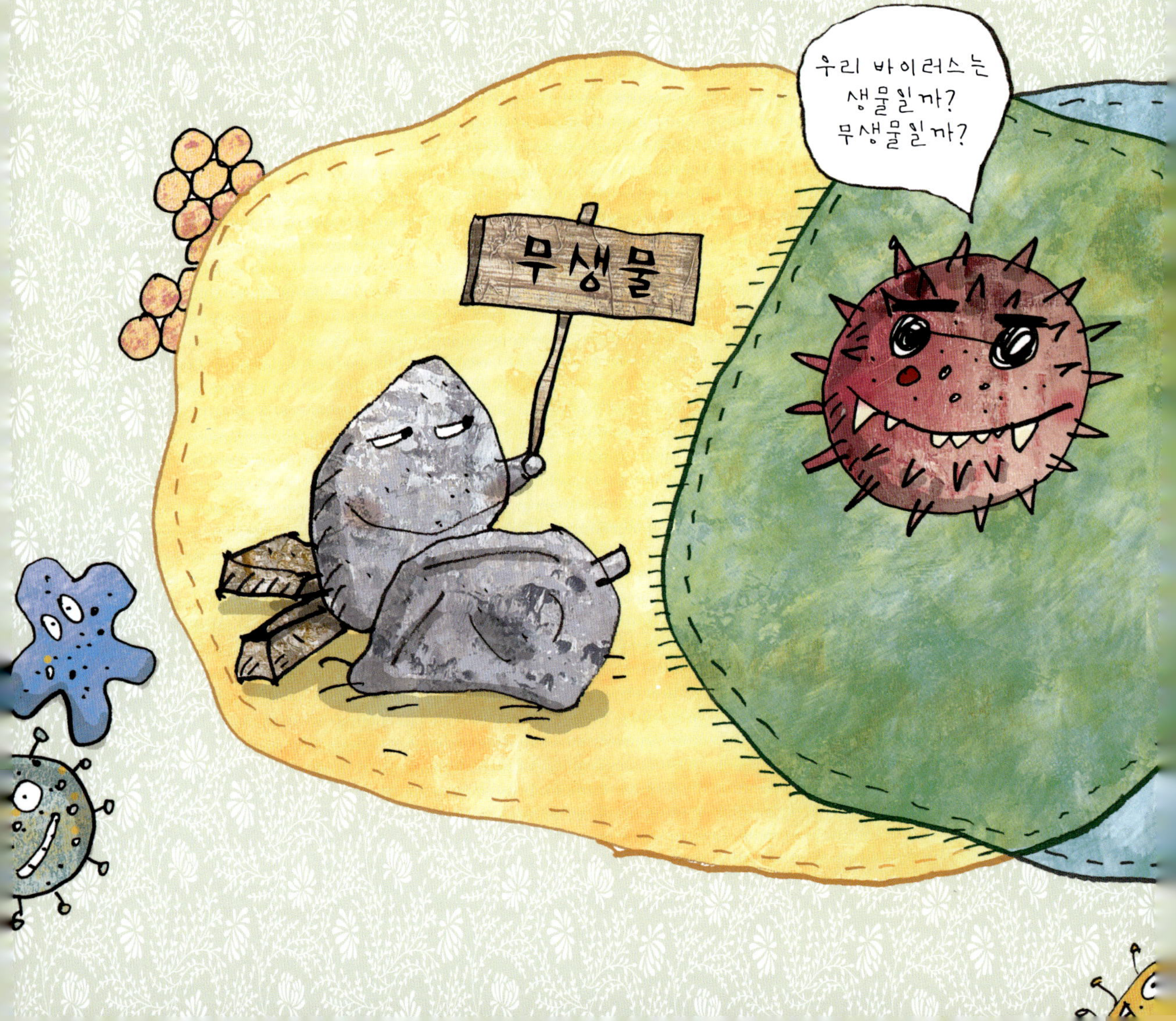

우리 바이러스는 생물일까? 무생물일까?

치사하다고? 하지만 나도 어쩔 수 없어.
난 세포로 되어 있지 않고,
혼자 힘으로 움직일 수도 없어.
살아남기 위해서는
다른 생물에게 기생할 수밖에 없어.

나랑 박테리아랑 다른 점이 뭐냐고?
박테리아는 나보다 훨씬 거. 100배쯤이나 크지
난 핵산과 단백질로만 되어 있어.
하지만 박테리아는 단단한 세포벽에 둘러싸여 있고,
그 안에는 핵과 인지질, 세포 내에 작은 기관들이 있어.
또한, 박테리아는 사람들의 소화를 돕거나
나쁜 병균을 물리치게 도와주기도 해.
나는 사람들을 아프게만 하는데 말이지.
하지만 둘 다 질병을 일으킬 수 있는 미생물이라는 것,
번식할 수 있는 유전 물질이 있다는 공통점이 있어.

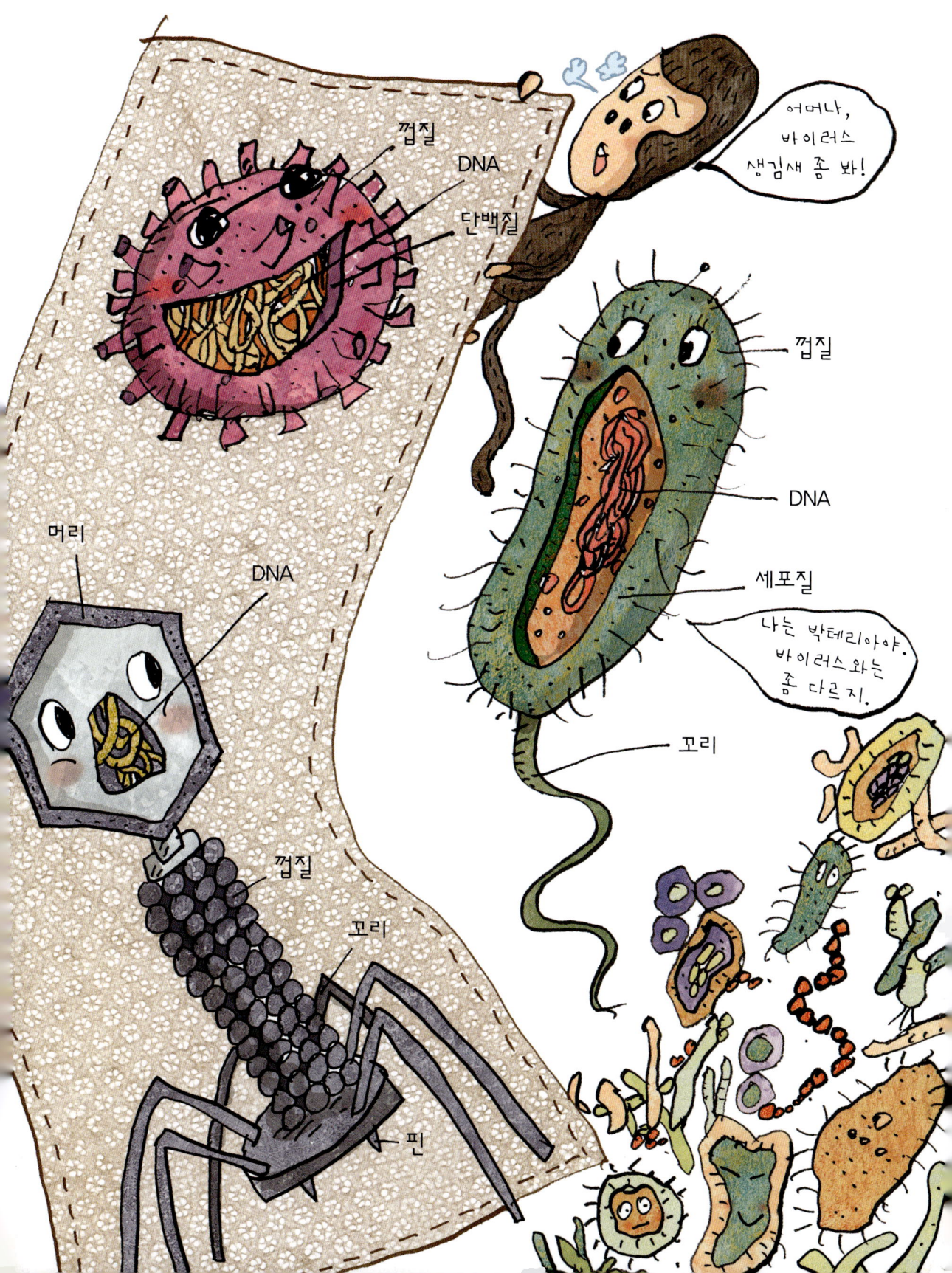

더운 여름에는 음식물이 쉽게 상해서
식중독에 걸리기 쉬워.
뭐라고? 추운 겨울에 식중독이 발생했다고?
그렇다면 그건 노로 바이러스의 짓이야.
그 녀석은 꽁꽁 얼어붙은 얼음 속에서도
수십 년을 살 수 있거든.
참, 노로 바이러스에 감염된 손만 잡아도
노로 바이러스에 전염될 수 있어.
그러니까 조심해야 해!

참, 나를 이용해 인체 조직도 만들어.
파란색 얼굴을 가진 매드릴 원숭이를 보고 과학자들은 생각했어.
"원숭이에게는 파란 색소가 없는데, 왜 저 원숭이는 파랄까?"
피부를 만드는 콜라겐이 파란빛을 반사시켰기 때문이었어.
과학자들은 똑같은 콜라겐이라도 어떻게 배열되느냐에 따라
투명한 각막이 될 수도 뼈와 치아처럼 단단한 조직이
될 수도 있다는 걸 알아냈어.
그러고는 나를 이용해 콜라겐의 배열을 바꾸었지.
아직까지는 치아를 만드는 데만 성공했지만
앞으로 더 많은 인체 조직을 만들게 될 거야.
그럼 우리 바이러스도 사람에게 공포의 대상이 아닌
착한 미생물로 여겨지지 않을까? 하하하.

난 정말 무서워.

사람들을 공포에 벌벌 떨게 만들지.

2002년 중국에서 발생한

중증 급성 호흡기 증후군이라 불리는 사스.

2012년에 중동에서 처음으로 발생한

중동 호흡기 증후군인 메르스.

처음에는 독감 증세와 비슷하지만

곧 설사와 구토가 나고,

피부에 반점이 생기다가

결국 피를 흘리며 죽게 되는 에볼라.

감기와는 다른 독감 바이러스인 인플루엔자.
이 무서운 병들을 모두
우리가 일으키는 거거든.
입술에 물집이 자주 생긴다고?
그렇다면 헤르페스라는 바이러스의 장난이야.
흔히 단순 포진이라고도 부르지.
한번 감염되면 완치되기 어려워.
숙주에 꼭꼭 숨어 있다가
몸이 피곤해지거나 힘들 때
슬며시 나타나 증식하지.

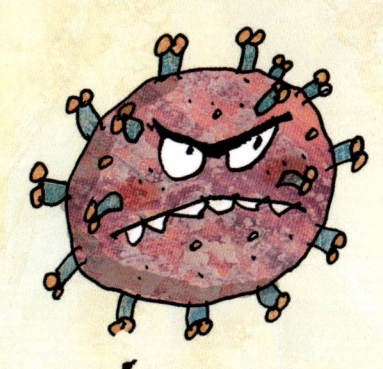

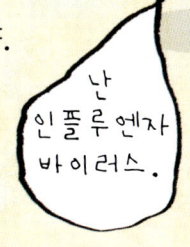

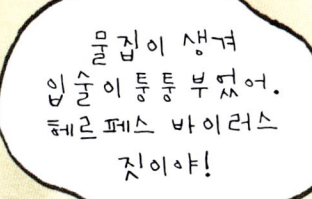

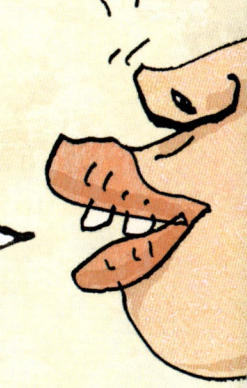

나는 평소에는 죽은 듯이 가만히 있어.
움직이지도 먹지도 않아. 숨도 쉬지 않지.
하지만 세포에 닿기만 하면
마법처럼 살아 움직이기 시작해.
나는 사람의 상처나 입, 코를 통해 몸속으로 들어가.
나를 막겠다고? 어림없어!
난 전염 속도가 박테리아보다 훨씬 빨라.
그래서 미리 예방 접종을 하는 게 좋아.

사람들은 나를 없애기 위해 약을 만들어.
그 약을 먹으면 처음엔 효과가 있을 수 있지만
오래가지 않아.
왜냐고?
내가 금방 다르게 변신하기 때문이지.
난 변신의 천재거든.
사람들이 치료제를 만들 때마다
난 새롭게 변신해.
그래서 날 없애는 약을 만들기 어려운 거야.

내가 사람들을 아프게 하니까 내가 정말 미울 거야.
하지만 나도 살기 위해서 어쩔 수 없어.
그러니까 나를 미워하지 말고,
지구에서 다 함께 잘살 수 있는 방법을
찾도록 노력해 줘.

곰팡이

몸이 실처럼 길고 가느다란 균사로 되어 있어요. 곰팡이는 우리 몸에 병을 일으키거나 음식을 상하게 하지만, 병을 고치는 데 사용하는 치료제의 재료로 쓰이기도 해요.

돌연변이

유전자나 염색체의 구조에 변화가 생겨서, 이전에 없던 특징이 나타나는 걸 가리켜요. 이렇게 새롭게 태어난 특징은 자손에게까지 전달되어요.

바이러스

박테리아보다도 훨씬 작은 미생물이에요. 바이러스는 영양분을 섭취하고 번식하기 위하여 동식물이나 박테리아 같은 살아 있는 세포 속에 기생해요.

박테리오파지

'파지'는 '먹는다'는 뜻이에요. 이름처럼 박테리오파지는 박테리아를 잡아먹는 바이러스예요. 최근에 과학자들은 항생제를 대체할 수단으로 박테리오파지를 주목하고 있답니다.

여과기

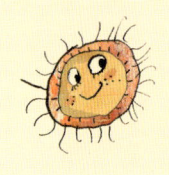

여러 가지 섞인 물질을 걸러서 순수한 물질만 남게 하는 장치를 말해요. 깨끗한 물을 마시기 위해 정수기의 필터를 갈 때, 필터가 바로 여과기예요. 또한 공기 여과기를 이용하여 깨끗한 공기를 만들 수도 있지요.

전염병

미생물이 다른 생물체에 옮아 집단적으로 발생하는 병을 가리켜요. 전염병은 아주 오래전부터 있었으며, 최근에는 새로운 병원균이 일으키는 전염병도 발생하고 있어요.

콜라겐

피부, 혈관, 뼈, 치아, 근육 등과 같은 결합 조직에 들어 있는 단백질이에요. 우리 몸에 있는 단백질의 삼 분의 일이 콜라겐으로 되어 있다고 해요.

광견병
중추 신경계까지 파괴시키는 매우 무서운 병이에요. 주로 광견병에 걸린 개에게 물려 전염돼요. 광견병에 걸리면 물을 매우 무서워하게 되어서, 물을 무서워하는 병이라는 뜻인 '공수병'이라고도 불러요.

단백질
모든 세포의 중요한 구성 요소로, 아미노산으로 이루어져 있어요. 우리 몸속의 화학 작용을 돕는 효소도 단백질로 되어 있답니다.

독감
인플루엔자 바이러스가 옮겨요. 감기와 비슷한 것 같지만, 감기보다 훨씬 열도 많이 나고 아파요. 심하면 목숨까지 잃을 수 있어요. 매년 세계 보건 기구에서는 독감 백신을 만들어서 독감을 예방할 수 있게 해요.

세포
생물의 몸을 이루는 기본 단위예요. 대부분의 생물은 세포로 이루어져 있지요. 세포의 모양과 크기는 생물의 종류에 따라 달라요.

숙주
다른 생물에 의지해서 살아가는 기생 생물의 대상이 되는 생물을 말해요. 즉, 숙주는 기생 생물에게 자신의 영양분을 빼앗기지요.

식중독
음식 속에 있는 박테리아 또는 바이러스에 감염되어 생기는 병이에요. 음식물에 들어 있는 독소 성분이 몸에 흡수되면서 식중독을 일으켜요. 식중독에 걸리면 배탈이 나요.

크론병
식도, 위, 소장, 대장, 항문 등 우리 몸의 소화관 어디에서든 발생할 수 있는 만성 염증성 장 질환이에요. 매우 희귀한 병이었는데, 최근 들어 발생률이 높아지고 있답니다.

형질
눈동자의 색깔, 키가 크고 작은 것 등 어떤 생물이 가지고 있는 여러 가지 특징을 말해요.

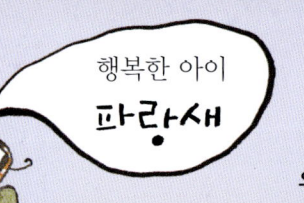
행복한 아이 **파랑새**

미생물투성이 책 전 4권

친구일까? 적일까? 너무 작아 우리 눈에 잘 보이진 않지만, 우리가 사는 모든 곳에 존재하는 미생물의 비밀을 파헤쳐 봐요!

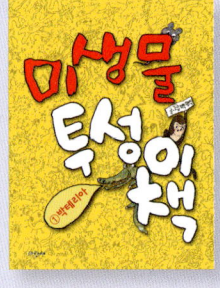  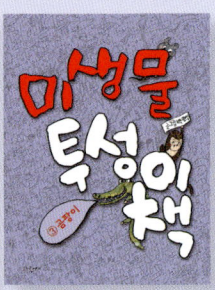 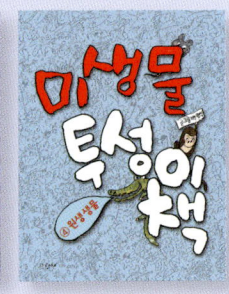

1 박테리아
백명식 글·그림 | 44쪽 | 12,000원

2 바이러스
백명식 글·그림 | 44쪽 | 12,000원

3 곰팡이
백명식 글·그림 | 44쪽 | 12,000원

4 원생 생물
백명식 글·그림 | 44쪽 | 12,000원

냄새 나는 책 전 5권

우리 몸에서 풍기는 구리구리 지독한 냄새들! 냄새에 관한 우리 몸의 비밀을 파헤쳐 봐요!

   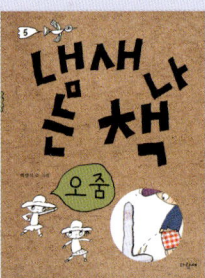 

1 방귀
백명식 글·그림 | 40쪽 | 12,000원
★조선일보 추천 도서
★한우리 추천 도서

2 똥
백명식 글·그림 | 40쪽 | 12,000원
★조선일보 추천 도서

3 땀
백명식 글·그림 | 40쪽 | 12,000원
★조선일보 추천 도서

4 오줌
백명식 글·그림 | 40쪽 | 12,000원
★조선일보 추천 도서

5 트림
백명식 글·그림 | 40쪽 | 12,000원
★조선일보 추천 도서

WHAT? 초등과학편

교과서 단원별 과학적 주제를 동화로 읽으면서
교과학습 능력을 보충하고 심화해 나가며, 과학 지식과 창의력을 키워 줍니다.

1 소화와 감각 기관
이상배 글 | 백명식 그림 | 80쪽 | 9,900원

2 지구와 달
유영진 글 | 백명식 그림 | 80쪽 | 9,900원

3 날씨
신혜순 글 | 백명식 그림 | 84쪽 | 9,900원

4 동물 ★대교솔루니 선정
조선학 글 | 이윤남 그림 | 80쪽 | 9,900원